J.-B. DE LARDIÈRES

LES

DEUX LUXEMBOURGS

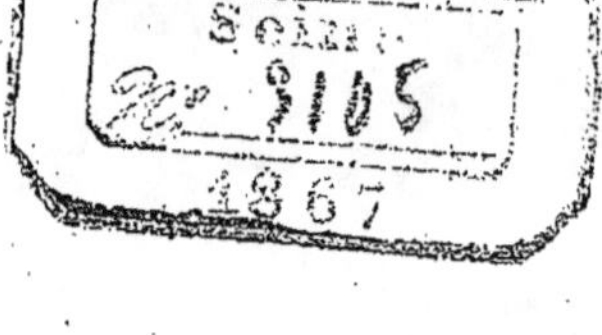

PARIS

FIRMIN MARCHAND, LIBRAIRE-ÉDITEUR

PASSAGE JOUFFROY, 24

MDCCCLXVII

LES DEUX LUXEMBOURGS

Le dix-neuvième siècle est le siècle des événements. Ils se déroulent devant nous avec la rapidité qui fait disparaître les heures de la journée, les minutes des heures, les secondes des minutes. L'horizon politique se rembrunit chaque jour. Les plus beaux rayons du soleil sont obscurcis par des sombres nuages que percent en vain chaque soir les couleurs de l'arc-en-ciel, présage sur la terre d'un temps serein qui disparaît bientôt devant les colères du ciel.

Le dernier événement, le conflit austro-prusso-italien, se terminait heureusement d'une manière si inattendue, que l'on croyait assurée pour longtemps la tranquillité de l'Europe.

Amère déception !

Le monde politique, loin de trouver sa tranquillité, retombait tout à coup dans une inquiétude plus alarmante.

La question du Luxembourg est agitée.

Le continent tout entier s'émeut.

Bizarrerie du hasard !

Dans cette même année, deux incidents se présentent semblables, quant aux noms et qui sait ? peut-être dans les conséquences.

Ils ont soulevé en France deux sentiments différents. La douleur causée par l'un a fait place à la rage que l'autre provoque.

Paris possède un jardin public, chéri de tous. Que de souvenirs attachés à ses mystérieuses allées, à ses vertes pelouses, et surtout, surtout à sa classique pépinière.

Au moment où l'on s'y attendait le moins, le bruit courait que le Luxembourg allait être détruit. Comment exprimer notre étonnement à cette fatale nouvelle !

Cependant, ce bruit, cause de nos alarmes, s'apaisait peu à peu ; mais à la manière de l'incendie que l'on éteint par des amas de terre et que la plus faible crevasse qui donne accès au moindre souffle de l'air, rallume avec plus de fureur.

Ce n'était donc pas un bruit, mais un fait, le Luxembourg n'était pas détruit, il est vrai, mais il allait être réduit.

Ce projet, mis à exécution, n'est-il pas le résultat de l'agrandissement nécessaire de la capitale française. C'est, si on le veut, une annexion nationale ! Les étrangers, trop nombreux, ne sont plus à l'aise à Paris. Aussi fallait-il démontrer que la grande ville était insuffisante à recevoir les visiteurs du monde entier.

Aujourd'hui le vaste emplacement du Luxembourg est en partie transformé pour offrir un peu de cette hospitalité que Paris donne à l'univers.

A peine étions-nous revenus de nos alarmes au sujet du Luxembourg, qu'un autre Luxembourg, le Luxembourg politique se présentait comme l'événement du jour.

La conclusion de cette affaire sera-t-elle la même que la précédente? sera-il aussi annexé ce terrain politique qui doit élargir le sol français?

Cette question présente une gravité telle que tout homme de cœur doit la méditer sérieusement. C'est animé de ce sentiment que nous allons la développer dans le cours de la brochure.

*
* *

L'ordre de l'Empereur, communiqué à la Chambre par M. le ministre des affaires étrangères sur la question du grand duché du Luxembourg, est tout un programme qu'il faut suivre pour les intérêts du pays et laisser ainsi de côté tous ces commentaires singuliers, ces pourparlers, et surtout les idées de guerre que manifestent certains hommes d'un grand mérite, c'est vrai ; mais qui ont le tort de vouloir deux choses à la fois : la guerre quand la paix est possible et la paix quand la guerre est faite.

Au nom de guerre le peuple français s'enorgueillit par avance; ni le nombre des combattants, ni le genre des armes ne l'effrayent. La France est riche, se dit-on, elle a en outre des braves pour soutenir ses droits, et personne ne peut lui contester sa supériorité. — Ce sont là autant de vérités rendues par des mots, mais dont l'exécution est plus difficile. Aucune nation, c'est vrai, ne peut contester la supériorité de l'organisation du soldat français, sa noble ambition de gloire qui le poursuit partout et qui le rend à juste titre un soldat des plus valeureux. Mais que le corps du soldat fléchisse un moment, il succombera peut-être à propr ement parler, bien qu'il soit encore en possession du *vouloir* et que rien ne puisse emprisonner son idée. Il faudra néanmoins rester sur place, et le nombre de morts ou de blessés constitue momentanément, je crois, ce qu'on appelle pour un instant la victoire.

C'est là un premier point sur lequel il est impor tant de réfléchir, et cela en dépit de notre amour-propre p ersonnel. Puisque la défaite est chose possible, cela doit nous suffire pour chercher, avant de faire la guerre, à trouver d'autres moyens en dehors de ce qu'on peut appeler la force matérielle, pour remplacer celle-ci par la raison, et conquérir par la raison c'est une double victoire.

Depuis que le cabinet de Berlin a invoqué les stipulations du traité de 1839, chacun se dit tout bas et quelquefois très-haut :

Aurons-nous la guerre?

Oui, nous aurons la guerre; mais, comme l'Empereur,

nous ne pouvons aujourd'hui comprendre la possibilité de l'acquisition du Luxembourg que sous les trois conditions signalées par lui :

Le consentement libre du grand-duc de Luxembourg ;

L'examen loyal des intérêts des grandes puissances ;

Le vœu des populations manifesté par le suffrage universel.

Nous sommes donc disposés à examiner, de concert avec les autres cabinets de l'Europe, les clauses du traité de 1839. Nous apporterons dans cet examen le plus entier esprit de conciliation, et nous croyons fermement que la paix de l'Europe ne saurait être troublée par cet incident.

L'Empereur a eu encore raison d'ajouter « que le gouvernement français, dominé par la conviction profonde que les intérêts véritables et permanents de la France, sont dans la conservation de la paix de l'Europe, n'apporte dans ses relations internationales que des pensées d'apaisement. Aussi n'a-t-il pas soulevé spontanément la question du grand-duché. »

Et puisque la position indécise du Limbourg et du Luxembourg a déterminé une communication du cabinet de La Haye au gouvernement français, avant de dire *guerre à la guerre*, ne devons-nous pas jeter un coup d'œil sur les limites de ce territoire et sur son passé ?

*
* *

Le duché de Luxembourg a pour limites, au nord-ouest

et à l'ouest, la Belgique ; la Prusse rhénane le borne au nord-est, et la France au sud.

Une rivière, essentiellement française, puisqu'elle prend son origine dans les Vosges, la Moselle, l'arrose dans la direction du sud à l'est.

Les Ardennes le sillonnent en grande partie. Les principales villes françaises situées sur ses confins sont, du nord à l'est : Rocroy, Mézières, Sedan, Montmédy et Thionville ; Metz est plus éloigné vers le sud.

Luxembourg est la ville principale du duché. C'est une forteresse importante, à cause de sa situation topographique. Elle est en partie bâtie sur un rocher et divisée, par une petite rivière, en ville haute et ville basse. Luxembourg n'est qu'à 80 kilomètres de Bruxelles.

Sa population, qui compte à peine quinze mille habitants, est, il faut le reconnaître, essentiellement allemande.

Comme on le voit, le Luxembourg est sur la frontière nord-est de la France. En admettant, ce qui est raisonnable, que cette frontière naturelle soit constituée par les bords du Rhin, le Luxembourg doit faire partie de notre territoire. Les coutumes, les mœurs, la langue de cette portion de l'ancien empire germanique, ne sont pas les mêmes que les nôtres, objecte-t-on ; est-ce à dire pour cela que le Luxembourg doive rester allemand ou devenir prussien ? Assurément non. La Belgique est française au moral, et cependant n'appartient pas à l'Empire. Si le Luxembourg a une nature germanique, c'est le résultat du temps, malheureusement trop long, pendant lequel, en dépit des droits légitimes, il a été séparé de la France. L'histoire va nous fournir des preuves à l'appui de cette opinion anti-prussienne.

***

Le duché de Luxembourg a passé bien souvent dans différentes mains. La France, l'Allemagne, la Hollande, la Belgique, l'Espagne même, du temps de Charles-Quint, ont joui à plusieurs reprises de sa possession.

Sans remonter bien loin dans l'histoire, nous voyons que, par la paix des Pyrénées, en 1659, une partie du Luxembourg échut à la France. Ce ne fut qu'en 1713 que le traité d'Utrecht rendit le Luxembourg à la maison d'Autriche.

En 1795, les Français conquirent le duché, et par le traité de Campo-Formio (1797), il leur fut définitivement cédé. L'année 1815, entre autres plus grands malheurs, nous le fit perdre. Il passa alors dans les mains de Guillaume Ier, roi des Pays-Bas. Le traité de Vienne fit entrer le duché dans la Confédération germanique, et déclara la forteresse de Luxembourg une forteresse fédérale.

Enfin, par le traité de Londres (1839), le Luxembourg fut partagé entre la Belgique et la Hollande.

M. Bennigsen déclare cependant que le Luxembourg a toujours été allemand. Dans l'interpellation qu'il a dernièrement présentée sur la question pendante, il n'hésite pas à admettre que la cession du duché par la Confédération serait une action

aussi condamnable, que dis-je, aussi criminelle que le consentement d'un père à vendre ses propres enfants.

Pourquoi, cependant, au milieu d'aussi nobles sentiments,
laisse-t-il percer un intérêt positif?

Il ne craint pas d'avancer que l'abandon du Luxembourg
serait la perte d'une position militaire utile, d'une forteresse
importante, qui, d'après lui, a été construite au moyen des
indemnités pécuniaires imposées à la France dans les guerres
de 1814 et 1815, en vue de la défense de l'Allemagne contre
cette même France, et dans laquelle la Prusse a « acquis le
droit précieux de tenir garnison et de nommer le gouverneur. »

Effectivement, avoir une forteresse menaçant la France
est un droit précieux pour la Prusse.

Mais d'où lui vient ce droit de pouvoir impunément bra-
quer sur nous son fusil à aiguille?

Est-ce à la suite des traités particuliers conclus avec le
gouvernement des Pays-Bas? Mais ces traités n'ont plus, aujourd'hui, aucune valeur, parce que le roi de Hollande, maître
chez lui, est libre de disposer de ses États, et qu'il est prêt à
céder le Luxembourg à l'Empereur Napoléon.

Qui aurait pu empêcher l'Autriche de nous faire cadeau de
la Vénétie? Personne que nous sachions.

Pourquoi n'en serait-il pas de même du Luxembourg?

La bataille de Sadova peut avoir donné au roi de Prusse le
droit de disposer des destinées du vaincu; mais celles de la
France ne lui appartiennent pas. Qu'il y réfléchisse à deux
ois avant de nous heurter; l'enivrement et l'orgueil dans

lesquels l'a plongé la victoire feraient certainement place au découragement et à l'humiliation.

Qu'il se retire donc du Luxembourg, et qu'au lieu de considérer ce duché comme une position stratégique, de laquelle il se croit l'arbitre de juger et de menacer l'Empire, il le regarde comme une portion de pays auquel la nature a assigné une place que les hommes ne parviendront pas à changer.

La France aspire à ses limites légitimes. Tôt ou tard le Luxembourg, compris dans ces limites, sera ce qu'il doit être, c'est-à-dire français,

Le roi de Prusse ne peut lutter contre la fatalité.

Je reviendrai bientôt sur ces intentions belliqueuses d'un voisin qui préfère porter, à ses risques et périls, le titre d'ennemi.

Il est un point qui mérite d'être élucidé dès à présent.

M. de Bennigsen prétend que la forteresse de Luxembourg a été construite au moyen des indemnités imposées à la France à la suite des désastres de 1815 ; mais il ne fait pas mention des travaux exécutés par l'ingénieur de Louis XIV, par Vauban, qui fit élever, aux frais du royaume, la citadelle que veut s'approprier la Prusse.

Voilà bien une preuve de plus que ce pays a été longtemps en notre pouvoir. Quel est celui, en effet, qui bâtirait un monument sur un terrain qui ne lui appartient pas ? Et ce ne fut que vers 1713 que le Luxembourg changea de maître, après être resté la propriété des Français.

La Prusse ferait mieux de demander des indemnités pour

l'entretien de la forteresse depuis qu'elle l'occupe; à ce point de vue, elle aurait raison; nul ne le lui contesterait. Mais, de là à s'obstiner à garder le bien d'autrui, il y a une distance, et l'avenir nous apprendra comment elle doit être franchie.

*
* *

Il ne faut point se laisser prendre par l'idée de la possession du Luxemboug ; mais il faut compter plutôt sur le nombre d'habitants, l'étendue de ce territoire, son commerce et ses ressources industrielles, et l'on verra alors que la France, en prenant une superficie de terrain qui est à peine équivalente à un de nos petits départements, ne peut guère s'enrichir. — A différentes époques, comme nous l'apprend l'histoire, le Luxembourg nous a appartenu et la concession ou la cession n'ont guère enrichi ni notre trésor ni nos greniers. C'était un département de plus et voilà tout. Mais, nous objectera-t-on, la possession de ce territoire nous rapproche davantage du bord du Rhin et vous savez combien cette limite de la France nous paraît être naturelle. C'est encore vrai, mais n'effrayons pas trop l'Allemagne qui n'a pas eu encore tout le temps pour réfléchir sur l'avantage que lui présenterait notre voisinage et qui en comprendra tôt ou tard l'importance.

Le Luxembourg, Etat le plus occidental de la Confédération Germanique, est bien limité par la province prussienne du

Rhin, mais il l'est aussi par la France et par la Belgique depuis 1839.

Son plus grand fleuve est la Moselle et ce cours d'eau, qui donne son nom à un de nos départements, le sépare de la France. Le Luxembourg est administré par un conseil composé de membres élus qui s'occupent des intérêts spéciaux du grand-duché. Les intérêts des communes sont confiés à des conseils communaux, élus par les administrés et à la tête desquels se trouvent un bourgmestre et des échevins ; ne voit-on pas là des institutions qui ressemblent aux nôtres. — Ainsi donc par ses institutions municipales et par ses limites la possession du Luxembourg par la France ne peut point paraître extraordinaire. — Mais ce qui explique la conduite actuelle de la Prusse à l'égard de la France, c'est que cette nation a un *gouverneur* dans le Luxembourg, tandis que le roi de Hollande n'a qu'un *commandant de place*, et c'est peu de chose.

La Prusse doit évidemment s'opposer pour ce motif à la réunion du Luxembourg à la France, et quand le cabinet de Berlin invoque les stipulations du traité de 1859, c'est nous dire : vous n'aurez pas le Luxembourg,

Assurément, le gouvernement ne s'est pas illusionné sur les intentions de la Prusse, et nous ne pouvons que louer l'Empereur de ne pas vouloir agir sans le consentement de tous, alors surtout que rien ne presse.

Pour nous il convient donc d'attendre ; car agir avec précipitation ce serait compromettre peut-être un succès justement attendu, et qui, s'il n'a point lieu, aura eu du moins sa raison d'être dans nos espérances à venir.

Si la guerre surgit d'un refus non motivé, nous ferons la guerre à la Prusse et cela sans retard. Le bon droit étant de notre côté, la France ne faillira point à remplir le mandat qu'elle s'est imposé depuis l'avénement de l'Empire, celui de civiliser par la conciliation et le bon droit et de venir à l'occasion à l'appui de tous, en réclamant toutefois pour elle les prérogatives que les traités passés lui ont données.

Si, après avoir satisfait au programme proposé par l'Empereur, la Prusse se refuse à céder le Luxembourg, la France ne réagissant pas ne se sera point inclinée pour cela devant son opposition. — Mais alors la Prusse devra faire valoir les droits qu'elle a pour manifester un tel refus, et l'Europe entière jugera alors si la France a eu raison d'agir avec prudence.

PARIS

IMPRIMERIE TYPOGRAPHIQUE DE ROUGE FRÈRES, DUNON ET FRESNÉ

Rue du Four-Saint-Germain, 43.